ABEL HOVELACQUE

MÉMOIRE

SUR LA

PRIMORDIALITÉ ET LA PRONONCIATION

DU

R-VOCAL SANSKRIT

PARIS
MAISONNEUVE ET Cᵉ, LIBRAIRES-ÉDITEURS
15, quai Voltaire, 15

1872

MÉMOIRE

SUR LA PRIMORDIALITÉ ET LA PRONONCIATION

DU

R-VOCAL SANSKRIT

Senlis. — Impr. E. Payen.

ABEL HOVELACQUE

MÉMOIRE

SUR LA

PRIMORDIALITÉ ET LA PRONONCIATION

DU

R-VOCAL SANSKRIT

PARIS
MAISONNEUVE ET Cie, LIBRAIRES-ÉDITEURS
15, quai Voltaire, 15

1872

MÉMOIRE

SUR LA

PRIMORDIALITÉ ET LA PRONONCIATION

DU R-VOCAL SANSKRIT

I. — Dans sa Grammaire comparée (1) Bopp enseigne, au premier paragraphe, que les voyelles linguales *ṛ*, *ṛ̂*, *ḷ* sont propres à la langue sanskrîte, ce qui revient à dire que le type organique indo-européen ne les connaissait pas. Cette doctrine a pris force de loi, et, à la suite du père de notre discipline, les auteurs les plus compétents ont toujours admis que la voyelle *ṛ* n'avait rien de primordial et était née sur le terrain secondaire hindou (2). Si nous reconnaissons volontiers qu'il en est ainsi pour *ṛ̂* et *ḷ*, nous ne pouvons l'admettre pour *ṛ*. A nos yeux, cette voyelle est organique et doit être prononcée à peu près comme le *r* vocal du croato-serbe.

Les observations que nous désirons présenter à ce sujet s'offriront d'une façon suffisamment méthodique dans l'examen d'un travail publié par M. Benfey il y a

(1) Puis dans son « Vocalismus » pp. 157-183.

(2) Schleicher Cpd. § 1; Curtius Gr. etym. p. 124; Ascoli Corsi di glottol. I, 10; Baudry Phonét. p. 5, etc.

quelques années (1) et concernant les voyelles sanskrites *ṛ, ṛ̂, ḷ*. Nous nous proposons de suivre ce travail en quelque sorte pas à pas ; les observations accessoires que nous aurons à introduire trouveront aisément leur place légitime.

Pour plus de commodité, nous prêtons aux mots cités par M. Benfey la forme transcriptive que nous avons adoptée. Les voyelles linguales seront transcrites *ṛ, ṛ̂, ḷ*, les consonnes linguales *ṭ, ṭh, ḍ, ḍh, ṇ, ṣ* (et non *š* ou *sh* (2), les palatales chuintantes par *ć, ćh, j́, j́h, ń, ç*.

CHAPITRE Ier.

II. — Dans son introduction, M. Benfey commence par rappeler que la voyelle *ṛ* affecte fort souvent en face de la consonne *r* le rôle qu'affectent *i, u* en face des demi-voyelles, *y, v*. C'est ainsi que *ṛ* provient parfois du groupe *ra* tout comme *i* du groupe *ya*, tout comme *u* du groupe *va*. Exemples : *pṛṣṭa-*, interrogé, *iṣṭa-*, honoré par un culte, *ukta-*, dit, d'après les racines *praćh, yaj́, vać*. Le fait est bien connu. Toutefois il nous faut noter que la marche, le comment de ce phénomène ne nous est pas suffisamment expliqué. Il est peu satisfaisant de supposer avec Schleicher (Cpd. § 6) que dans le cas ou *u=va* (*ukta-*, dit, *supta-*, assoupi, dormant) le *a* est tombé et que le *v* s'est transformé en *u*; que dans les cas où *i=ya* (*iṣṭa-*, honoré par un culte, etc.) le *a* est également tombé et le *y* s'est vocalisé en *i*. Cette explication

(1) Dans sa publication périodique « Orient und Occident ».

(2) Ce système est suivi d'ailleurs par M. Chavée, par M. Friedrich Müller et par quelques autres auteurs qui, en cela, font preuve d'une logique évidente.

est toute gratuite et ne saurait nous contenter. Nous constatons même qu'elle manque totalement de vraisemblance : il nous est impossible en effet de comprendre entre **vakta-* et *ukta-* un état intermédiaire **vkta-;* entre **varu-* et *uru-,* large, nous concevons bien un intermédiaire **vru-,* mais alors nous ne nous expliquons pas quel motif a pu changer le *v* en *u,* cf. *vruḍita-,* enfoncé, coulé à fond, qui n'est nullement devenu **uruḍita-*. La chute de *a* est d'ailleurs peu admissible. Nous pouvons soumettre une explication plus vraisemblable de la mutation de *va* en *u*. Il suffit de supposer que le *v* prit la valeur du *w* anglais, qu'il s'assimila le *a* et que ce groupe *v* [=*w* anglais] + *u* se condensa en un simple *u;* le sanskrit aurait poussé ici un degré plus loin que l'anglais dans *woman* et analogues dont le *wo* représente bien à l'oreille *w*+*u* : pour atteindre au degré où serait arrivé le sanskrit l'anglais aurait à prononcer *woman* en tant que **ooman* (avec *oo* ayant la valeur qu'il possède dans « *oozing, ooze* » c'est-à-dire celle de *u,* « ou » français). L'attraction plus ou moins entière de *a* par un *v* précédent est d'ailleurs connue par nombre d'idiomes : cf. notamment *voco, vomo, volo, volvo,* en latin. L'assimilation aurait été tellement parfaite qu'il eut même été superflu d'allonger la voyelle *u*. Nous ne proposons au surplus qu'une simple hypothèse qu'aucun fait bien constaté ne nous autorise à donner comme définitive.

III. — Le second paragraphe de M. Benfey est consacré à démontrer le caractère réellement vocalique de *ṛ* sanskrit. Ses preuves sont les suivantes : 1° *ṛ* placé après une consonne ne fait pas position comme le fait la consonne *r* (ainsi le premier *i* reste bref dans l'instrumental plur. *pitṛbhis*) ; 2° les mots commençant par *ṛ* affectent la négative *an* comme les autres mots commençant par une voyelle, et non la négative *a* comme les mots commençant par une consonne (exemples : *anṛṇa-*, libre de dettes, *anṛta-*, faux, comparez *aripra-*, sans tâche, *aruć-*, sans lumière, dont le positif commence par la consonne *r*); 3° Dans la rencontre des mots, *ṛ* se conduit comme les autres voyelles. — Le fait du caractère vocalique de *ṛ* n'est d'ailleurs pas contesté : ce qui se trouve en question c'est sa primordialité et son antique prononciation.

IV. — Le troisième paragraphe du mémoire de M. Benfey est relatif à l'allongement de *ṛ*, à savoir *ṛ̂*, qu'il regarde comme assez tardif, ce qui nous semble également vraisemblable. Tout en soutenant la primordialité de *ṛ*, nous abandonnons volontiers celle de *ṛ̂*, que nous ne pourrions étayer d'aucune preuve. M. Benfey fait remarquer que la longue *ṛ̂* peut naître, dans l'euphonie sanskrite, de la rencontre d'un *ṛ* terminal et d'un *ṛ* initial. Ceci nous amène à rappeler une déduction que nous a suggérée, concernant la vicieuse prononciation *ri* attribuée à *ṛ*, un phénomène de l'euphonie hindoue. Celle-ci nous enseigne que lorsqu'un *ṛ* terminal se rencontre avec un *ṛ* initial il se présente une triple hypothèse phonique : 1° *ṛ+ṛ=ṛ̂*, ce qui rentre dans la règle générale (*a+a=â*, *i+i=î*, *u+u=û*, consultez notre Euphonie sanskrite, § 2); 2° *ṛ+ṛ=ṛṛ*, c'est-à-dire qu'aucun changement ne s'accomplit; 3° *ṛ+ṛ=ṛ* sans allongement. Si *ṛ+ṛ* peuvent donner *ṛ̂*, il est de toute impossibilité que *ṛ* ait été prononcé *ri* : en effet, si *ṛ* eut égalé *ri*, *ṛ̂* eut égalé *rî*, or impossible de comprendre comment *ṛṛ*, soit *riri*, ait pu donner *ṛ̂*, soit *rî*. Nous avons déjà consigné cette observation, qui nous est personnelle, dans la Revue de linguist. et de philol. compar., V, 84. En définitive, la difficulté ne peut être levée que si l'on accorde à la voyelle *ṛ* du sanskrit le caractère uniquement lingual du *r* voyelle de certains idiomes slaves et dont l'allongement est très-naturel; les Slovaques, notamment, ont un *r* vocal long, cf. Miklosich Vergleich. gramm. der slav. spr. I, 418. (Pour justifier la prononciation *ri*, quelques auteurs invoquent le parler hindou moderne. Cette prétention est doublement vicieuse. En premier lieu, elle est inexacte en ce sens que la prononciation *ri* n'est nullement générale dans l'Inde ainsi qu'en témoigne d'une façon catégorique un juge compétent, M. Julien Vinson, dans la Revue de linguist. et de philol. compar. III, 82. M. Vinson se range à l'opinion de M. Chavée qui, personnellement lui aussi, a pu constater dans cette voyelle un son né « de la voix indifférente ou laryngienne et des vibrations précipités et indéfiniment prolongeables de la langue », Lexiologie indo-europ. 12. Schleicher, M. Jules Oppert repoussent également la fausse prononciation *ri*. Nous ferons observer en second lieu que quand bien même quelques savants du nord de l'Inde donneraient actuellement à cette antique voyelle le son que nous lui dénions, il ne faudrait pas attacher à leur prétention plus de valeur que l'on n'en accorde aux Italiens modernes en ce qui concerne la prononciation latine). Au surplus la preuve que nous avons donnée quelques lignes ci-dessus, tirée de l'impossibilité que *ṛ*+*ṛ* ait pu donner euphoniquement *ṝ* si *ṛ* avait été prononcé *ri*, cette preuve, disons-nous, n'est en aucune façon isolée. Nous en trouvons une seconde, elle est également puisée dans les faits les plus rigoureux de la phonétique, en ce que, si la voyelle linguale en question eut réellement possédé la valeur *ri*, de la rencontre d'un *a* terminal et d'un *ṛ* initial il n'aurait pas pu naître le groupe *ar* (par ex. *ajarṣabha-*, bouc = *aja-*+*ṛṣabha-*); de même *i* terminal et *u* terminal plus *ṛ* initial n'auraient pas pu produire les groupes *y ṛ*, *v ṛ* (par ex. *pratyṛćam,* à chaque vers = *prati*+*ṛć*-; *anvṛćam,* dans la série des vers = *anu*+*ṛć*-) : si la voyelle linguale avait eu le son que l'on prétend lui donner, le changement de *i, u* en *y, v* non-seulement serait incompréhensible, mais, bien plus, serait irréalisable. D'autre part, nous trouvons encore une preuve éclatante de l'impossibilité qu'il y avait à donner à la voyelle linguale la prétendue valeur *ri,* en ce fait que *ṛ* terminal se change en *r* lorsqu'il rencontre une voyelle initiale; c'est ce dont nous parlerons à propos du quarante-neuvième paragraphe du mémoire qui nous occupe.

V. — Les paragraphes quatrième, cinquième, sixième traitent de la voyelle *ḷ,* forme secondaire de *ṛ;* nous n'avons pas à nous en occuper.

V bis. — Et puisque nous avons parlé dans le précédent paragraphe de la voyelle *ṝ,* nous relèverons, toujours au sujet de la prononciation, une phrase singulière contenue dans la Grammaire comparée de Bopp : « Les voyelles « propres au sanskrit *ṛ* et *ḷ,* auxquelles les grammairiens « indiens adjoignent également des longues, bien qu'il « soit impossible dans la prononciation de distinguer la « voyelle longue *ṝ* de la consonne *r* jointe à un *î*..... » (trad. fr. I, 23). Cette phrase dément assez par elle-même la vicieuse prononciation *ri* de la voyelle *ṛ*. Ici Bopp fournit aisément une arme contre lui-même.

VI. — Au septième paragraphe, M. Benfey aborde la question de la non-primordialité de *ṛ*. Le premier argument qu'il avance est l'absence de cette voyelle dans les langues congénères. Cette objection ne peut être prise en considération : devrions-nous nier les *gh, dh, bh* organiques par cela seul qu'ils n'ont persisté qu'en sanskrit (1)? En aucune façon! Le second argument n'est pas davantage acceptable; il est tiré « de l'état bien connu du « sanskrit dans lequel, en nombre de cas, cette voyelle « se présente comme née d'une façon précise de *ar, ra,* « *ri, rû,* et, avant tout, du rapport dans lequel se tien« nent vis-à-vis du sanskrit les idiomes populaires... » L'auteur que nous citons s'étend peu sur ce point important, et cela est fort regrettable. Quoiqu'il en soit, nous admettons d'autant moins son raisonnement que c'est précisément sur les idiomes populaires de l'Inde que nous nous fondons en partie pour prouver l'authenticité primordiale de la voyelle linguale. Si en effet nous nous adressons au pâli nous constatons que la voyelle *ṛ* du sanskrit se trouve représentée chez lui, en tant que voyelle, soit par *a,* soit par *i,* soit par *u :*

kata-=kṛta-, fait; *vaka-=vṛka-,* loup; *gaha-=gṛha-,* maison; *kapaṇa-=kṛpaṇa-,* misérable; — *sadisa-= sadṛça-,* semblable; *titta-=tṛpta-,* contenté; *kimi-= kṛmi-,* ver; — *puććhati=pṛććhati,* il interroge; *vuddhi-=vṛddhi-,* accroissement; *uǰu-=ṛǰu-,* droit, etc. Cf. Friedrich Müller Sitzungsber. der phil.-hist. cl. der kais. acad. der wissensch. [Wien] LVII.

Au surplus, il est aisé de constater que le changement de *ṛ* en *a* qui s'opéra sur le terrain hindou s'était déjà manifesté en plusieurs occurrences sur le terrain commun indo-européen. Entre autres faits nous citerons par exemple les suivants :

L'élément simple Ṛ, tendre, vers, aller, pénétrer, s'élever (sk. *ṛṇâmi,* je vais, Bopp Gloss. 20, *ṛṇômi,* je m'élève,

(1) En zend, le *dh* de *dadhâiti,* il établit, il fait, ne représente pas directement, mais bien médiatement un *dh* organique. Cf. Schleicher Cpd. § 135.

Curtius Griech. etym. 223, *ṛddhi-*, succès, ὄρνυμι, *ortus*, *orior*) change sa linguale en *a* dans la « racine » AK, pénétrer (sk. *açva*, cheval, *âçu-*, rapide, ἄκρο-, *acuo-*, *equo-*, etc.; sans doute faut-il y rattacher *oculo-*, ὄψι- et leurs alliés);

L'élément simple Ṛ, briller, luire, d'où parler (1) (sk. *ṛć-*, éclat, chant PW. I. 1041, *ṛjîti-*, brûlant, forme gunée *arćati*, il est éclatant, il loue par des chants, ibid. 423, ἀργό-, ἀλφό-, etc.) change sa linguale en *a* dans la « racine » AGH, dire (sk. *âha*, il a dit, ἠμί, Curtius Griech. etym. 370, Studien zur gr. und lat. gramm. IV, 208, *aio*, *adagium*, etc.), dans la « racine » AG (sk. *agni-*, feu, *igni-*);

L'élément simple Ṛ, rompre, déchirer (forme développée ἀρόω, *arare*, lithuan. *ariù*, je laboure) change sa linguale en *a* dans la « racine » AG (sk. *ajra-*, champ, ἀγρό, *agro-*);

L'élément simple BHṚ, rompre, change sa linguale en *a* dans la « racine » BHAG, rompre, manger (sk. *bhajati*, il divise, *bhaga-*, portion, *bhakṣa-*, qui mange, φαγεῖν);

Il serait facile d'étendre la liste de ces exemples où un *ṛ* organique s'est changé en *a* sur le terrain organique.

Le changement de Ṛ en *i* s'est produit dans la « racine » DIK (sk. *diçâmi*, je montre, δείκνυμι, got. *teihan*, annoncer) : cf. la « racine » DṚK (sk. *dṛç-*, œil, δέρκομαι).

Le changement de Ṛ en *u* s'est produit dans la « racine » BHUG, BHUGH (sk. *bhujâmi*, je courbe, φεύγω, got. *biugan*, courber) : cf. la « racine » BHAG citée plus haut.

(1) Sur ce procédé idéologique, consultez Chavée : Revue de ling et de philol. comp. I, 277, Curtius Griech. etym. 279.

Ces différents exemples pourraient voir leur liste s'étendre d'une façon significative, mais cela serait sans utilité. Pour en revenir au remplacement de l'antique *ṛ* hindou par des *a, i, u* plus modernes nous devons seulement faire observer que cette mutation eut été impossible, irréalisable si la voyelle dont il s'agit n'avait pas eu le pur son lingual — à peu près celui du *r* vocal croato-serbe ; — c'est encore là un des faits nombreux qui ruinent la vicieuse prononciation *ri*. D'autre part il est juste de constatér que M. Chavée signala dès longtemps cette permutation : Lexiologie indo-européenne, pp. 252, 253, 298, 377, etc., Revue de ling. et de philol. comp. I, 158.

En ce qui touche la condensation de *ra*, *ri*, *ru* en *ṛ* — condensation à laquelle font allusion les quelques lignes de M. Benfey, elle est analogue à celle de *ya* en *i*, de *va* en *u* et est suffisamment connue : rac. sk. *praćh,* interroger, *pṛććhâmi,* j'interroge; rac. sk. *çru,* entendre, *çṛṇômi,* j'entends.

VII. — Les premières lignes du huitième paragraphe de M. Benfey rappellent qu'à un *ṛ* sanskrit correspondent le ερ de φερτο—[=*bhṛta-*], le ρο de ϐροτο-[=*mṛta-*]. Ce fait n'a rien de surprenant à nos yeux et il ne faudrait en aucune pensée admettre que le ρο grec soit ici né d'une métathèse. Non-seulement, en effet, un Ṛ organique a pu se développer en AR, IR, UR, ou se changer simplement en A, I, U ainsi que nous l'avons vu ci-dessus, mais il a pu également se transformer en RA, RI, RU. Il y a là, comme l'on voit, neuf variations directes possibles de la voyelle linguale organique; c'est ce que figure le schème suivant :

	AR....	IR....	UR
Ṛ =	RA....	RI....	RU
	A......	I......	U

Ainsi que l'a fort bien fait remarquer M. Chavée, Rev. de ling. et de philol. comp. I,470, la multiplicité de bien des formes radicales n'est explicable que par l'admission de la primordialité d'une voyelle linguale et la reconnaissance des principes de variation ci-dessus formulés. Pour frapper plus clairement les yeux nous fournirons un exemple du fait. Soit l'élément simple verbal BHṚ au sens général de « courber » et qui s'individualise secondairement en « rompre, manger, fuir, etc., » nous le voyons affecter les diverses sortes de mutation dans :

got. *bairgan,* protéger, *baúrgi-,* ville, citadelle, lat. *farcio ;*

gr. φράσσω, lat. *frango,* got. *brikan,* rompre.

sk. *bhajati,* il divise, *bhanajmi,* je romps, *bhujâmi,* je courbe, gr. φεύγω, lat. *fugio,* got. *biugan,* courber, lithuan. *bĕgti*, courir.

VIII. — Ainsi que le constate M. Benfey la langue védique emploie *ṛ* dans certains verbes là où la langue commune, le sanskrit classique voudrait *ar;* inutile de répéter ces exemples : nous n'en tirerons d'ailleurs pas un argument en faveur de notre thèse, car c'est là, nous semble-t-il, une particularité sans signification.

IX. — Sous notre rubrique VI nous avons parlé du changement de *ṛ* primordial et classique en *a, i, u* dans les dialectes hindous populaires. M. Benfey revient sur cette question dans la dernière partie de son huitième paragraphe. C'est bien évidemment d'une façon tout-à-fait malencontreuse qu'il nous dit que là où pâli et prâkrit offrent un *u* en face d'un *ṛ* sanskrit il faut se reporter à un *ar* primordial « vu que nous voyons maintes fois en « sanskrit, notamment dans les Védas, *a* devenir *u* de- « vant *r.* » Cette phrase, à notre sens, est dénuée de toute portée. Il est certain que *ûrdhva-*, élevé, *guru-*, vénérable, *pûrṇa-*, rempli, plein, *puru-*, nombreux, *kuru*, fais! offrent *u*, *û* à la place d'un *a* plus ancien : c'est ce qu'enseignent et la langue sanskrite elle-même et la comparaison avec les idiomes congénères ; mais à quel titre conclure de là que le populaire *udu* = sk. *ṛtu-* représente un antique **artu-*? Le raisonnement serait admissible (et encore!) si le sanskrit disait **ûdhva-*, **pûṇa-*, etc., mais remarquons que dans *ûrdhva-*, *puru* et autres, le *r* persiste parfaitement et qu'il n'y a d'atteint que le son précédent qui de *a* devient *u*. Dans *ṛtu-* devenant *udu-* il n'y a encore qu'une simple et unique mutation de voyelle, aucune consonne, aucun *r* n'est tombé. D'ailleurs cette chute serait inadmissible : qu'un *r* s'assimile à la consonne suivante, cela est naturel, mais il ne l'est point qu'il tombe purement et simplement ; dans l'exemple cité *u*=*ṛ* directement comme *a*=*ṛ* dans *kata-*, *vasabha-* pour *kṛta-*, *vṛṣabha-*, tout comme *i*=*ṛ* directement dans *diṭṭhi-* pour *dṛṣṭi-*.

X.—Si, d'autre part, les idiomes populaires offrent parfois le groupe *ri* là où le sanskrit possède *ṛ*, cela ne peut nous étonner du moment que nous nous remémorons les neuf mutations primordiales possibles de la voyelle linguale organique : voyez ci-dessus sous notre rubrique VII. Cf. les formes *ṛṣi-*, *riṣi-*, chantre des hymnes sacrés, *ṛçya,-*, *riçya-*, antilope mâle, *ṛṣṭi-*, *riṣṭi-*, glaive. — D'ailleurs si les grammairiens hindous nous signalent certains mots (Kuhn Ztschr. XI 383, Régnier Prâtiç. 14. 17) dans lesquels *ri* est faussement pour *ṛ*, c'est qu'évidemment *ṛ* n'avait pas le son de *ri*.

XI. — Le neuvième paragraphe de M. Benfey pose un principe dont l'apparence seule est juste : tout comme j'écris *gṛhîta-*, pris, avec un *ṛ*, bien que ce participe provienne de *grah* et que son *ṛ* soit incontestablement pour *ra* (cf. ci-dessus rubrique II), de même je dois écrire avec un *ṛ* le thème verbal *ṛñj* : il est vrai que l'auteur ajoute malencontreusement « bien qu'en ce dernier cas le *ṛ* ne se « trouve pas primordial, mais au contraire provient de *ar*. » Il est, en réalité, parfaitement primordial, et c'est le développement *ar* qui est secondaire. Bopp, dans son glossaire, et MM. Böhtlingk et Roth, dans le Dictionnaire de Pétersbourg, remplacent fâcheusement les formes radicales *ṛ, dhṛ, dhṛṣ, stṛ,* par des *ar, dhar, dharṣ, star* peu critiques bien qu'ayant la prétention de l'être. — Ce qui pousse M. Benfey à laisser son *ṛ* à la racine *ṛñj* c'est le fait que « dans ses dérivés l'on ne trouve en « général que *ṛ* qui y est devenu invariable. » Cette raison est inadmissible car le hasard seul a fait que *ṛñj* n'ait pas eu de dérivés où son *ṛ* soit devenu *ar*. Il y a au moins de la logique (dans l'erreur) chez MM. Böhtlingk et Roth qui écrivent *arj, arñj*. Par contre M. Benfey écrit non point *tṛh,* mais bien *tarh*, évidemment à cause de *tarhaṇa-* et autres. Peut-on tenir cette distinction comme sérieuse ? Nous ne le pensons pas. Encore un coup nous estimons que la conception exacte (critique ou non, peu importe) se rencontre chez les grammairiens hindous qui tiennent *ṛ* pour la voyelle primitive là ou *ṛ* est en concours, d'après des règles précises, avec *ar, âr, ṛ̂*. Quant à la question de savoir si ces mêmes grammairiens hindous ont raison de supposer *ṛ̂* long en tant que primitif, ainsi qu'ils le font, là où sont en concours *ṛ, ar, âr, ir, îr, ur, ûr* (par exemple *pṛ̂*, emplir), nous ne la résoudrons par contre pas à leur profit et nous nous en tiendrons à un simple *ṛ* bref. M. Benfey a parfaitement raison de traiter ce *ṛ̂* d'arbitraire et d'imagination pure.

XII. — Et ici l'auteur du mémoire qui sert de base à

notre travail vient se heurter — pour y répondre déplorablement (en pouvait-il être autrement ?) — à l'un des arguments capitaux démontrant d'un façon frappante le « pré-indianisme » de la voyelle brève linguale. Nous avons déjà traité du fait auquel nous allons faire allusion, dans notre opuscule « Racines et éléments simples dans le système indo-européen » p. 6. Notre argumentation repose sur la proportion suivante : dans la conjugaison sanskrite

$$ar : \underset{\circ}{r} :: \begin{cases} \hat{e} : i \\ \hat{o} : u, \end{cases}$$

C'est-à-dire que de même que *ê* [=*ai*] apparait comme gradation de *i*, et *ô* [=*au*] de *u*, de même *ar* apparait comme gradation de *ṛ*. Dans les personnes où nous trouvons les gradations *ê*, *ô* nous trouvons également la gradation *ar* : dans celles où nous trouvons les voyelles simples *i*, *u* nous trouvons également la voyelle simple *ṛ*. Evidemment si *ê*, *ô* sont pour *ai*, *au* véritables gradations, il faut bien que *ar* (euphonique pour *aṛ*) soit la gradation de *ṛ*, c'est-à-dire soit secondaire à ce *ṛ*, ce qui est toute la question. — Un exemple va rendre le fait manifeste. Déclinons à l'indicatif de leur présent *bhṛ*, porter, *hu*, sacrifier aux dieux, *nij*, purifier, d'après la classe réduplicative. (Si dans le verbe *nij* la voyelle de la syllabe de redoublement est devenue *ê* c'est là un phénomène spécial qui ne doit pas nous occuper) :

1	*bibharmi*	*juhômi*	*nênêjmi*
2	*bibharṣi*	*juhôṣi*	*nênêkṣi*
3	*bibharti*	*juhôti*	*nênêkti*
1	*bibhṛvas*	*juhuvas*	*nênijvas*
2	*bibhṛthas*	*juhuthas*	*nênikthas*
3	*bibhṛtas*	*juhutas*	*nêniktas*
1	*bibhṛmas*	*juhumas*	*nênijmas*
2	*bibhṛtha*	*juhutha*	*nêniktha*

Là où l'accent se trouve placé sur l'élément verbal, celui-ci subit la gradation, c'est-à-dire que *ṛ, i, u* deviennent *ar, ê, ô* (c'est aux trois personnes du singulier) : là où la terminaison personnelle est accentuée (duel et deux prem. pers. du plur.) la voyelle radicale n'est pas augmentée et demeure organique, *ṛ, i, u*. Le phénomène se poursuit d'ailleurs dans toute la conjugaison : si *ṛ* devient parfois *r* (*abibhri* cf. *anêniji,* prem. pers. sing. imparf. intransit.) c'est que les lois phoniques le veulent ainsi, — si, d'autre part nous voyons *nênijâni* (prem. per. impérat. prés.), *anênijam* (prem. pers. imparf.), *anênijus* (trois. pers. plur. du même) en face de *bibharaṇi, abibharam, abibharus* c'est que l'absence de gradation est de règle à ces formes dans les verbes terminés par une consonne, or la racine *nij* est terminée par une consonne : nous retrouvons la gradation voulue dans *anênêk* deux. et trois. pers. sing. imparf. transit.) cf. *abibhar*. La régularité est complète, le parallélisme parfait.

Ce fait, pour quiconque l'envisage sans parti pris, a une double conséquence : premièrement, il démontre l'organicisme, le « pré-indianisme » de la voyelle linguale brève *ṛ;* secondement il ne permet point de désigner par le groupe *ar* les racines dans lesquelles se rencontre la voyelle linguale en question : si l'on parle de *bhar,* porter, *dhar,* tenir, porter, *var,* choisir, il faut également parler de *ê,* aller, *hô,* sacrifier aux dieux, au lieu de *i, hu* et ainsi de suite. Pour sortir de ce dilemme — dilemme si naturel qu'il était venu s'opposer de lui-même, — M. Benfey a recours à un singulier argument. A son sens, conclure d'après le parallélisme ci-dessus indiqué qu'il faut écrire les racines non avec *ar,* mais bien avec *ṛ* « cela « est aussi illégitime que si, en se fondant sur ce fait de « ce que dans les thèmes nominaux en *nt* (par ex.

« *tud-ant*) les cas dits forts (par ex. l'accusat. sing. « *tud-ant-am*) gardent la forme organique, l'on voulait « conclure que tel est aussi le cas dans les thèmes en *an* « (par ex. accus. sing. *brahmâṇam*). Ici, aussi bien que « dans les verbes en question, il vaut bien mieux admettre « que ces mêmes circonstances qui opérèrent dans une « forme la conservation de l'apparence organique, purent « aussi, dans une autre forme, amener le renforcement « de l'apparence organique, qu'ainsi de même que ces « circonstances maintinrent *tudant* dans *tudantam* et « *bhar* dans *bibharmi,* de même elles furent capables de « renforcer *brahman* dans *brahmâṇam* et *hu* dans « *juhômi* ». A propos de ce raisonnement, nous avons deux choses à faire remarquer : premièrement qu'il n'a trait qu'au mode d'écrire (*ar* ou *ṛ*) et ne signifie absolument rien quant à la question de primordialité ; secondement qu'il est basé sur une conception morphologique de tout point défectueuse. Nous protestons en effet d'une façon radicale contre la désignation par leur forme forte des thèmes tels que *tudat-,* frappant : *tudaṇt-* n'est que nasalisé et secondaire. Les thèmes dithématiques tels que *sarpat-,* rampant, serpent, *vṛhat-,* grand, doivent être incontestablement présentés sous cette forme la plus simple, non sous leur forme nasalisée et secondaire (acc. sing. *sarpantam,* nomin. plur. *sarpantas*) ; — les thèmes trithématiques tels que *rurudvat-,* ayant pleuré, doivent également être présentés sous cette forme la plus simple, la plus élémentaire (nom. acc. sing. neutre *rurudvat*) : les formes thématiques *rurudus-* (locat. sing. *rurudușî*), *rurudvâṁs-* (acc. sing. masc. *rurudvâṁsam*) sont l'une et l'autre postérieures, — la première avec *s* pour *t,* phénomène bien connu, et *va* se condensant en *u,* la seconde représentant *rurudvas-* pour *rurudvat-* avec allongement vocalique et nasalisation. En somme, le raisonnement de M. Benfey repose sur une erreur morphologique : il est aussi peu acceptable de tenir *tudant-*, *bhar* comme plus organiques que *tudat-*, *bhṛ*, qu'il le serait de tenir *rurudvaṃs-*, *rurudus-*, *hô* comme plus organiques que *rurudvat-*, *hu* : au même titre que ces derniers sont organiques *tudat-*, *bhṛ*.

XIII. — Ce n'est pas avec plus de succès, nous semble-t-il, que M. Benfey prétend tirer un autre argument de certaines formes du parfait. De ce que l'on dit *suṣupiva* (prem. pers. duel du parfait transit.) dont le *u* est manifestement pour *va*, cf. *suṣvâpa* (prem. pers. sing. du même) il ne s'ensuit nullement que *dadṛçiva*, tous deux nous avons vu, ait son *ṛ* pour *ar*; autant dire que le *i* radical de *bibhidiva*, tous deux nous avons fendu, est pour un *ê*. La forme *suṣupiva* n'a rien à faire ici : il s'est purement effectué en elle un phénomène de condensation dont nous trouvons d'ailleurs le réel analogue dans *papṛććhiva*, *vavṛçćiva*, *babhṛjjiva*, *jagṛhiva* dont les *ṛ* sont condensés de *ra*, et dans *vivićiva*, *vividhiva* dont le *i* radical est condensé de *ya*.

XIV. — Dans son dixième paragraphe, M. Benfey approuve le Dictionnaire de Pétersbourg d'avoir introduit dans la désignation des racines en *ṛ* la forme en *ar*, dont nous venons de démontrer dans les pages qui précèdent le caractère purement secondaire. Il le blâme toutefois d'avoir introduit cette rectification dans certaines racines où n'apparait jamais que *ṛ*, et pour lesquelles, par conséquent, il voudrait voir maintenir *ṛ*. Cette distinction, il faut l'avouer est suprêmement illogique : erreur pour erreur, autant procéder d'une façon suivie. L'auteur expose dans le chapitre suivant sa façon d'envisager cette question ; nous allons encore le suivre sur ce terrain et soumettre à la critique qui nous semble légitime ses assertions plus ou moins hypothétiques.

CHAPITRE II.

XV. — Les considérations émises dans les pages qui précèdent laissent assez entendre que pour nous toutes les racines sanskrites où s'offre la voyelle linguale, doivent être représentées avec cette voyelle (brève), à moins que parfois elle ne se trouve être la condensation du groupe formé par la consonne *r* plus une voyelle.

M. Benfey, dans ses paragraphes onzième et suivants, établit en cette matière une sextuple division :

1° « Les thèmes verbes que les grammairiens hindous « eux-mêmes désignent par *ar* et dans lesquels *ar* devient « en certains cas *ṛ*, mais seulement dans l'idiome « védique. » Ces verbes sont *arć*, louer, honorer, *spardh*, lutter, *arh*, être digne, *ard*, aller. — Il suffit que dans ces thèmes, soit en védique soit en classique, un *ṛ* soit parfois parrallèle à *ar*, pour que nous nous trouvions logiquement conduits à désigner ces racines par un *ṛ*. C'est ce que nous ne manquons pas de faire lorsque nous les voulons regarder dans leur état organique, mais lorsque nous demeurons sur le terrain purement sanskrit nous nous en tenons, pour plus de commodité, au procédé des grammairiens hindous. C'est là une pure et simple concession à l'usage et sur laquelle on serait mal venu à se fonder pour nous accuser à notre tour d'illogicisme : nous ne reconnaissons en rien, faisons-le bien remarquer, qu'ici encore *ar* soit antérieur à *ṛ*. Ainsi *arć* pour *ark* n'est que le développement d'un primitif *ṛk* qui a également donné *ak* en changeant sa voyelle pour une autre : voyez notre rubrique VII.

2° Ici sont rangées les racines en *ra* dont parfois *ra* devient *ṛ* et qui sont légitimement désignées par *ra*. Ces racines sont : *praćh,* interroger, *bhrajj*, rôtir, *vraçć,* lacérer, *grath,* nouer, *krap,* se lamenter, *grabh, grah,* saisir.

3° « Le verbe *çru* et le verbe *çrâ,* en tout qu'ils chan-« gent *ru, râ* en *ṛ* ». Remarquons que *çrâ,* cuire, admet aussi parfois la simple atténuation en *i* : *çrâṇa-, çrâta-* (véd.), *çrita-, çṛta-,* cuit.

4° Dans ce groupe, M. Benfey range les racines qu'il désigne par un *r,* vu que cette voyelle est la seule qui s'y rencontre. Son énumération comprend trente-une racines, à savoir : *mṛg,* chasser, *pṛńć,* mélanger, *ṛćh,* aller, *ṛńj,* s'étendre, *gṛńj,* rugir, *pṛńj, mṛńj,* rugir, essuyer, *vṛńj,* empêcher, *kṛp,* se lamenter, *tṛmp,* se rassasier, *dṛmp,* entasser, *ṛmph,* détruire, tuer, *tṛmph,* se rassasier, *dṛmph,* affliger, *jṛmbh,* ouvrir la bouche, *sṛmbh,* tuer, *kṛṇv,* faire, *bhṛm̃ç,* parler, luire, *ṛkṣ,* tuer (?), *tṛkṣ,* aller, *bhṛkṣ,* manger, *mṛṣ,* souffrir, *mṛkṣ,* recueillir, *vṛkṣ,* arrêter, recouvrir, *stṛkṣ,* aller, *gṛh,* prendre, *tṛm̃h,* tuer, *dṛm̃h,* rendre solide, *bṛm̃h* ou *vṛm̃h,* briller, parler, *vṛm̃h,* croître, rugir, *spṛh,* désirer. — Ainsi que le remarque l'auteur, un certain nombre de ces verbes sont fort douteux ; celà est certain, mais ce qui n'est nullement assuré, ce qui est même tout-à-fait illégitime, c'est d'ajouter que « presque tous ces verbes té-« moignent provenir de verbes avec *ar* ou *ra* » : avec *ra,* soit, mais avec *ar,* en aucune façon. Nous les passerions volontiers en revue les uns après les autres si cet examen ne devait nous entrainer en de trop nombreux détails.

5° La cinquième section est formée par M. Benfey « des « deux verbes *kîrtaya,* faire mention, et *stîrh,* battre, « que la grammaire hindoue écrit *kṝt, stṝh* ». Nous n'admettons pas davantage la voyelle longue des grammairiens hindous, pas davantage le *ar* de Bopp (*kart, starh* Gloss. 76, 423) dont la voyelle linguale s'est développée, comme parfois, en *îr*. La première de ces racines provient d'un élément organique KṚ (καλέω, *calare*) dont KRU n'est sans doute qu'une forme.

6° Dans ce dernier groupe, l'auteur range tous les autres verbes que les grammairiens hindous écrivent par *ṛ, ḷ, ṝ;* sauf une exception, où il emploie *âr,* il substitue *ar* à *ṛ, al* à *ḷ*. — Nous avons suffisamment démontré sous notre rubrique VII combien cette théorie était inadmissible : nous prions nos lecteurs de se reporter à ce passage.

CHAPITRE III.

XVI. — Dans les paragraphes suivants de son écrit, M. Benfey tourne son attention vers des voyelles de liaison plus ou moins authentiques.

Nous ne pouvons nous engager avec lui dans les considérations par trop subjectives qui l'amènent à formuler des vues particulières concernant la morphologie hindoue, grecque, osque, latine; le système qu'échafaude ici M. Benfey est dénué des bases les plus simples, les plus légères, c'est un amas de suppositions purement gratuites et dès lors indiscutables. La forme *grabh,* par exemple (*-graha-,* saisissant), serait en rapport avec la forme *garbh* (*garbha-,* uterus) par une forme *garabh :* le premier *a* de cette dernière serait radical, le second purement euphonique; dans *garbh* serait tombé le second, dans *grabh* le premier. Nous sommes ici en plein domaine fantaisiste; il n'y a ni profit ni intérêt à y séjourner.

XVII. — Après s'être complu, cinq pages durant, à

tirer *ra* de *ar* au moyen d'une forme *ara*, dont le dernier *a* serait furtif et qui aurait perdu sa voyelle radicale dans *ra*, M. Benfey examine d'autres (!) métamorphoses de *ar*.

Dans son vingt-huitième paragraphe l'auteur enseigne qu'en un certain nombre de verbes *ar* organique devient *ṛ* lorsque la syllabe suivante est accentuée. A nos yeux le fait est également simple, c'est la voyelle simple *ṛ* qui dans cette hypothèse n'est pas augmentée : *kṛtá-*, fait, *sṛjáti*, il émet, il lance. (Comme exception à ce fait l'auteur avance que *ar* [prétendu] organique est devenu non pas *ṛ* mais bien *ri* en nombre d'occasions lorsque le suffixe accentué subséquemment commençait par *y*; nous pensons tout au contraire que c'est *ṛ* organique qui est devenu *ri*, *rî* dans *kriyátê*, il est fait, *grîyátê*, il est aspergé, tout comme il est devenu *ar* dans *smaryátê*, il est rappelé : cf. notre rubrique VII. Sans doute y a-t-il au fond de cela quelque sensation phonique qui nous échappe.)

CHAPITRE IV.

XVIII. — Dans les composés tels que *mâtṛvadha-*, matricidium, *bhrâtṛputra-*, fils du frère, M. Benfey tient naturellement *ṛ* comme servant lieu d'un *ar* primitif puisqu'il suppose que les thèmes sont *mâtar-*, *bhrâtar-*, tandis qu'à notre sens ils sont *mâtṛ-*, *bhrâtṛ-*, c'est pensons-nous donc, le thème réel, organique, exempt de toute variation qui forme le premier membre de ces composés *bhrâtṛputra-*, *mâtṛvadha-*, absolument comme dans *dêvaputra-* et autres. Au surplus cela se laisse suffisamment entendre d'après tout ce qui a été dit ci-dessus.

Dans son quarantième paragraphe l'auteur parle de ce fait phonique que la rencontre d'un *ṛ* final et d'un *ṛ* initial peut donner soit *ṝ* (d'après Pânini), soit *ṛṛ*, soit *ṛ*. Ci-dessus, sous notre rubrique IV, nous avons traité de cela et en avons précisément tiré des conséquences relatives à la prononciation purement linguale de la voyelle *ṛ*; nous ne nous répéterons pas inutilement et renvoyons le lecteur à la rubrique dont il s'agit.

Nous avons également puisé une preuve de ce que *ṛ* ne pouvait pas anciennement se prononcer « ri » dans ce fait qu'il se transforme en *r* devant une autre voyelle initiale : au lieu de *...ra...*, *...rê...*, etc., nous aurions *...rya...*, *...ryu...*, *ryê...*, et ainsi de suite.

C'est encore au même résultat que nous arrivons en considérant que *a* terminal plus *ṛ* initial donnent en principe le groupe *ar* : voyez également sous notre rubrique IV.

Nous avons aussi rappelé, sous la même rubrique, que devant *ṛ* les *i*, *u* n'auraient pu se changer en *y*, *v* si ce *ṛ* n'avait été une pure voyelle linguale.

CHAPITRE V.

XIX. — M. Benfey se tourne en premier lieu vers les verbes dérivés (intensifs, désidératifs, causatifs, dénominatifs.) Dans les considérations qu'il présente à ce sujet nous ne voyons absolument rien à examiner que nous n'ayons déjà soumis précédemment à la critique. Nous nous abstiendrons de reproduire les mêmes arguments. D'ailleurs dans ces pages fort intéressantes, l'auteur examine de près certaines questions morphologiques — telles que la formation désidérative, p. 73, — mais nous n'avons pas à nous en occuper ici pour ne point nous écarter de notre sujet. — Nous en dirons tout autant de ce qui concerne l'examen de la flexion verbale, pp. 193-256 ; nous avons étudié maintes fois et attentivement toute cette partie et il nous a été impossible d'y découvrir quelque fait plaidant en faveur du non-organisme de la voyelle linguale. Ici encore nous ne pourrions que nous répéter car le travail de M. Benfey est établi sur une base que nous estimons absolument erronée. Nous éviterons donc des redites fastidieuses et nous en tiendrons aux arguments que nous avons avancés ci-dessus.

En ce qui concerne l'organicisme de la voyelle linguale nous pourrions d'ailleurs, en dehors de la langue sanskrite, nous en référer aux langues slaves dont le témoignage sur ce point est important, — puis, en ce qui touche sa prononciation antique, il nous serait loisible d'en appeler aux anciennes transcriptions du sanskrit en d'autres idiomes, notamment en grec. Pour l'instant nous laissons à l'écart ce double côté de la question. Les preuves évoquées ci-dessus nous semblent d'ailleurs concluantes.

MATIÈRES TRAITÉES

Allongement de *ṛ*. IV.

Caractère vocalique de *ṛ*. III.

Condensation de *ra, ri, ru* en *ṛ*. VI in fine. XV, 2°.

Conjugaison sanskrite apporte une preuve, entre autres, de la primordialité de *ṛ*. XII.

Développement possible d'un *ṛ* organique. VII.

Idiomes populaires de l'Inde fournissent une preuve de la primordialité de *ṛ* sanskrit. VI. Comment ils représentent *ṛ*. VI. IX.

Indo-européen commun possédait la voyelle *ṛ* (voyez primordialité) et connaissait déjà son changement en d'autres voyelles. VI.

Parfait ne témoigne pas contre la non-primordialité de *ṛ*. XIII.

Primordialité de la voyelle *ṛ* méconnue par Bopp. I. Prouvée par les idiomes populaire de l'Inde. VI. Prouvée par la conjugaison sanskrite. XII.

Prononciation vraisemblable de *ṛ*. I. IV. Preuves contre la fausse prononciation *ri*. IV. VI. XXVIII.

Ṛ. Peut provenir du groupe *ra*. II. Est vraiment une voyelle. III. Sa forme allongée n'est que secondaire. IV. Ne peut-être prononcé *ri*. Deux preuves tirées de l'euphonie sanskrite. IV. XXVIII. Preuve tirée de sa variation en *a*, *i*, *u*. VI. Autre preuve. X in fine. La prononciation moderne de *ṛ* sanskrit est vicieuse. IV. Son absence en d'autres idiomes n'est pas une preuve contre sa primordialité. VI. Les idiomes populaires de l'Inde apportent une preuve de sa primordialité. VI. Se changeait déjà en d'autres voyelles sur le terrain commun indo-européen. VI. Les formes possibles de son développement. VII. X. La conjugaison sanskrite témoigne de la primordialité de cette voyelle. XII.

Racines dans lesquelles se rencontre *ṛ* ne peuvent être désignées par le groupe *ar*. XII cf. XI. XIV. XV.

Thèmes. Ne doivent pas être désignés par leur forme nasalisée. XII.

U. Peut provenir du groupe *va*. Hypothèse sur la naissance de ce phénomène. II.

Védique. Emploie parfois *ṛ* là où le sanskrit classique voudrait *ar*. VIII.

Voyelles de liaison plus ou moins authentiques. XVI.

AUTEURS CITÉS

Ascoli. I note.
Baudry. I note.
Benfey. Passim.
Böhtlingk et Roth. VI. XI. XIV.
Bopp. I. V bis. VI. XI. XV.
Chavée. I note. IV. VI. VII.
Curtius. I note. VI et ibid. note.
Kuhn. X.
Miklosich. IV.
Fried. Mueller. I note. VI.
Oppert. IV.
Ad. Régnier. X.
Schleicher. I note. II. IV. VI note.
Vinson. IV.
L'auteur. IV.

A LA MÊME LIBRAIRIE :

AB. HOVELACQUE	La théorie spécieuse de Lautverschiebung......	1 fr.	
	Grammaire de la langue zende, 1869...........	10	
	Racines et éléments simples dans le système linguistique indo-européen....	1	50
	Note sur la prononciation et la transcription de deux sifflantes sanskrites, 1869	0	25
	Instructions pour l'étude élémentaire de la linguistique indo-européenne, 1871.................	2	
	Euphonie sanskrite, 1872..	2	

REVUE DE LINGUISTIQUE ET DE PHILOLOGIE COMPARÉE, recueil trimestriel de documents pour servir à la science positive des langues, à la mythologie et à l'histoire, publié par M Ab. Hovelacque avec le concours de MM. Em. Picot et Jul. Vinson et la collaboration de divers savants français et étrangers. — Paris et départements : 15 fr. par an. Etranger : le port en sus.

Senlis imp. E. Payen.

www.ingramcontent.com/pod-product-compliance
Lightning Source LLC
Chambersburg PA
CBHW060910180626
46818CB00004B/1897